中原淳一 子供服の絵本

平凡社

日本ではお正月とか、七五三の様に、特別な時以外は、子供をあまり着飾らせない習慣があった様です。それは『すぐ汚してしまうから』『すぐ着られなくなってしまうから』など、そんな考え方があった様に思うのですが、なる程どれも尤もなことの様で、もし『どうせ子供だから』と云っていたら、娘時代にも『どうせすぐ年をとってしまうのだから』と同じことになるわけで、それでは一生美しくなれない。

自分の子供がどうすれば可愛くなるかを知っていて、一つ物を買っても、また同じことをしても、『子供を一番可愛く見せるコツ』を知った上でするのと、いいかげんな気持でするのとでは結果が大変に違ってくる、と云うことを知ってほしいものです。

中原淳一

中原淳一

はじめに

父・中原淳一はその人生の大半を、総ての女性が身も心も美しく生きて欲しいという思いを結実させるために費やしましたが、こと子供に関してはまた格別の思いを持っていたように思います。

それは多分、子供の頃に身に付けた物事がその後の人生に大きな影響を与えると考えていたからなのでしょう。

数十年前、私が子育てをしていた頃、父が様々なアドバイスをしてくれた事が、とても懐しく思い出されます。洋服について言えば子供服は普段着とよそゆきをきちんと分け、普段着は汚れたらジャブジャブ洗えるような素材を選ぶ事、子供服は大人用のデザインを小さく作るのではなく、始めから子供らしいデザインを考える事、母子で外出する時は、母親は決して子供より着飾ってはいけない事等々。この「子供服の絵本」が、そんな父の遺志を今のお母様方に伝える縁《よすが》となれば、何よりの喜びです。

中原芙蓉

CONTENTS

「お母様の見る子供服の絵本」より　1967 年

第1章
子供のスタイルブック

子供のきものは、大人のものと違って流行がほとんどない。大人の世界の流行のテクニックを子供服にちょっと取入れたりするのも、しゃれてはいるが、それが目立ちすぎて、子供のもつ本当の可愛さを失う様な事があってはならない。子供は大人のおもちゃではない。子供に人目を引かせる様な服を着せて大人が得意になるのではこまる。子供がその服を着る事によって、美しい衣服の楽しさを知り、清潔なこころよさを身につけて伸びてゆく様なものでありたい。

子供の可愛さは身に合ったものを着ていることです。

子供はすぐ伸びるからといって、大きすぎるものを着せたりするのはもっての他のことです。

また、着るものの柄や色、質の良さなどに気をとられる人が多いようですが、それは和服風の考え方で、和服ならたしかに質の良い、いい色のいい柄だったら、綺麗な上等のきものです。

しかし洋服の場合は、布地が上等ということより、先ず身に合っていること、次にデザインのいいことが大切で、いくらデザインが良くて布地が上等でも、それが子供にだらしなく大きすぎたりしたのでは台なしです。

大人はアクセサリーにとても気を使うのに、子供の場合は『子供だから‥』と無神経になっている人はいないでしょうか。

子供でも、帽子は勿論、ソックス、靴、手袋、バッグ等、その日のよそおいに調和しなかったり、色を間違えたりしたら、やっぱり可愛くみえません。

男の子はさっぱりと、あまり飾り立てないで下さい。しかしそれだけに尚更、形の良いものを着せて欲しいものです。ダブダブのズボンをベルトでしめあげているなんてガッカリで、小さすぎる位のズボンをぴっちりはいている方が、仔鹿の脚をみるように気持がいいものです。

2
1

4
3

6
5

7
8

10
9

12
11

P11〜16ドレスの説明

1
巾広の綿レースをたっぷりギャザーして飾った、素朴な中に思いがけない豪華さのあふれるドレス。ジャブジャブ洗える真夏の外出着。

2
フリルとリボンと造花を肩一杯に飾ります。布地はジョーゼットで身頃は裏打しフリルは一重。木綿タッチの布なら又感じが変ります。

3
縞と同じピンクの無地をジャンパースカートのように切り替えたワンピース。吊紐を両胸で蝶結びにした感じにボウをかざって下さい。

4
ウエストの切り替えを少し落し、丁度ベルトをしたように縞の巾に白いラインを貼り、スカートの一段一段に同じく白をくりかえします。

5
フリルを何段にも何段にも重ねたスカートに、一番上の段にレースを扱い黒いリボンを結んでひきしめた、はなやかなよそゆきです。

6
前後身頃を三等分してゆるやかな山を作り、その切り替えにフレヤーのフリルをはさんでボウを飾った、優雅な感じのあふれるドレス。

7
胸当のような大きな白衿はとりはずしにしていつも清潔に。子供には地味に思える色もこんな白の扱いでグッと派手な感じになります。

8
ジャンパースカートの感じですが、身頃の低い位置で曲線で切り替えたワンピースです。赤いサスペンダーだけを浮かしてつけました。

9
切り替え線を押さえるように前に飾った赤いベルトが印象的です。そこから下にプリーツをたたみ、衿許にも赤のベルトの感じをくりかえし。

10
編物と布地とを組み合わせたワンピース。前をぐっと深くカットしてジャンパースカート風の茶色の布地に白いベルトが利いています。

11
袖付によせたギャザーとプリンセスラインが、若草物語の時代を思わせます。衿許とカフスの白とブルーが、上品な可愛らしさを強調。

12
前明きをスカラップして、そこに一つずつ花をアップリケして大きなボタンの感じ。カラーとカフスの白をくっきり印象づけましょう。

胸の中央に作ったスラッシュから出たベルトがビジョウ止めになってセーラーカラーを途中で押さえているのが、ちょっと生意気なようなしゃれたアクセント。
身頃から裁ち出した打合わせが胸許から裾まで続いて釦止め。胸許の重なりの上のボウはステッチで埋めます。後明きです。
胸の切替の位置に揃え袖口もチェックをはいでカフスの感じ。胸の切替の釦で押さえた三角の部分は浮いていてフラップのよう。
バイヤスの布をたたんで白い細い前立で押さえ、そこに小さなボタンを飾りますが後明きで着ます。カラーは小さめに可愛く。

フリルとボウが花畑の蝶のような三つのポケット…原型そのままのドレスでも、こんなポケットの扱いで、ぐっと可愛らしく派手になります。おでかけ着にも。
ぷっくりふくらんだパフスリーヴの袖付に巾広のレースのフリルをはさみ、さらにその上をグルッとボウで結んだのが花束のような、チャーミングなよそゆき…。
ラグランスリーヴの肩からちょっと下がった所にはさんだ三段のフリルが可愛いアクセントになっている、花びらのドレス。

肩いっぱいの大きなセーラーカラーと胸当を真白にしました。ドレスは黒や紺と限らずお子様に似合う色で。赤で作っても華やかな雰囲気の愛らしさ…。

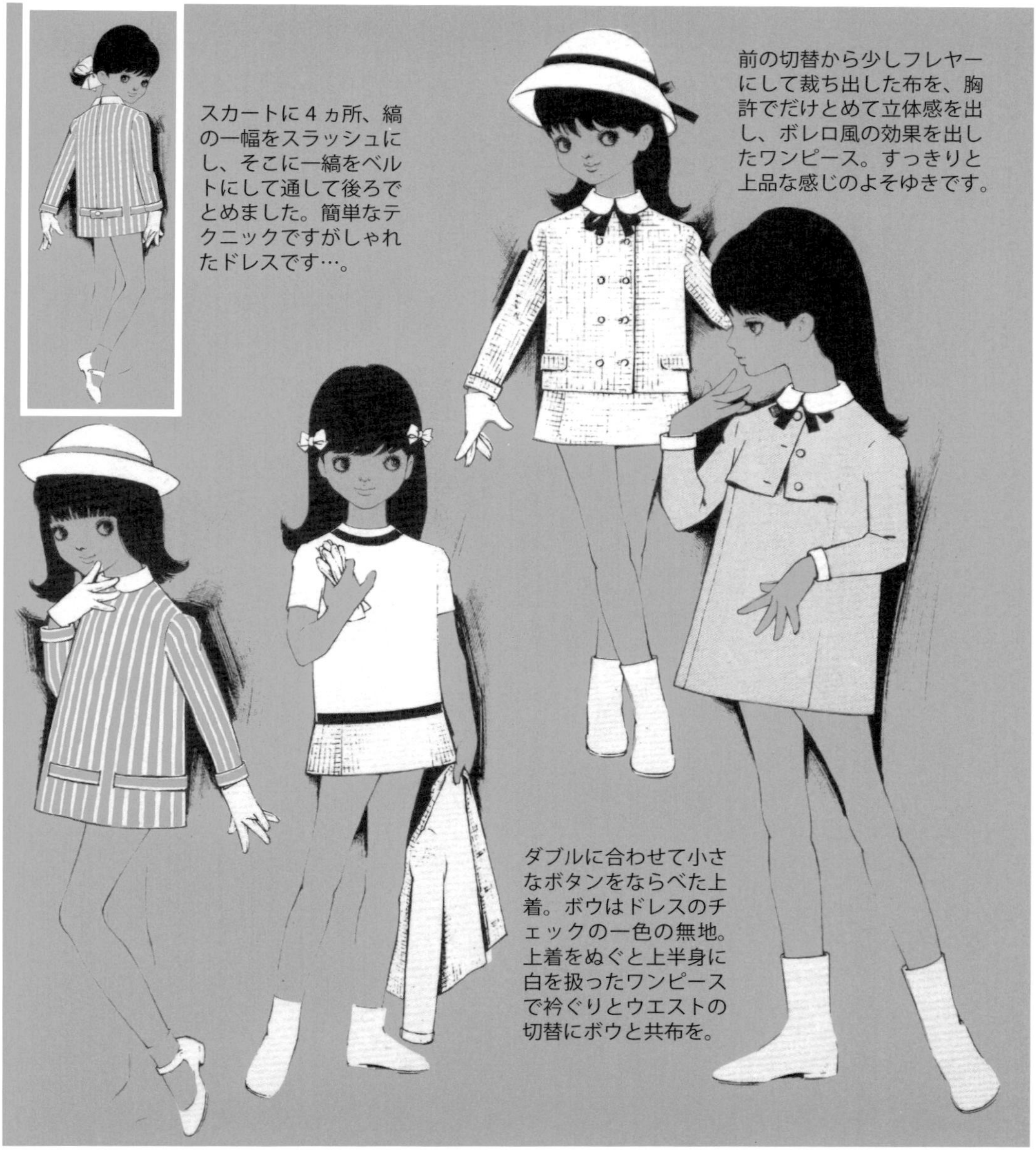

スカートに４ヵ所、縞の一幅をスラッシュにし、そこに一縞をベルトにして通して後ろでとめました。簡単なテクニックですがしゃれたドレスです…。

前の切替から少しフレヤーにして裁ち出した布を、胸許でだけとめて立体感を出し、ボレロ風の効果を出したワンピース。すっきりと上品な感じのよそゆきです。

ダブルに合わせて小さなボタンをならべた上着。ボウはドレスのチェックの一色の無地。上着をぬぐと上半身に白を扱ったワンピースで衿ぐりとウエストの切替にボウと共布を。

胸を四角に切り替えて横縞に扱ったのがたのしい。その下にはめこんだフリルは綿レースと二重にします。ぷっくりとしたパフスリーヴ。

両脇の切替にフリルをはさみ、スラッシュから出たベルトが蝶結びされてフリルを押さえている、よそゆきにも遊び着にも可愛いドレス。

セーラーカラーの服を縞で作り、ネクタイも共布にしたのがフレッシュです。胸当に真白を扱って、ハッキリと印象づけて下さい。

フレヤー裁ちのティアードスカートを二段重ね造花を飾った華やかなよそゆき。スカート、袖口、衿にステッチをきかせ、ドレッシィな中にスポーティさを加えたのが印象的。

春先には薄いウールの半袖がとてもさわやかでいい感じ。やや長めの半袖の途中で切り替えてパフスリーヴのようになっているのがクラシック。衿のフリルは共布でもレースでも。

黒と白の晴着を一着持っていると大そう重宝です。フリルはレースにしてもいいでしょう。黒いベルベットの小さなボウが可愛らしい…。

前立の両側にフリルを2枚かさねてはさみ同じテクニックをカフスにも。前立を押さえた感じの縞のリボンはカッチリたたんで下さい。

上図のドレスの上に上着を着ました。前立が胸当のようにのぞいて、また変わった感じ。

肩線がラグラン風にぐっと上っているのが印象的なジャンパースカート風のワンピース。身頃と共布でふちとりした白い衿…それをとめた感じの小さい釦は、上着を着た時第一釦になる様に。

左は上着を着たところです。ボックス・プリーツのスカートと組み合わせたツーピースの様になります。下のワンピースの衿のボタンを第一ボタンとして、ダブルにボタンをならべます…。

ジャンパースカート
の袖ぐりをラグラン
風にくりました。衿
ぐりを飾った深紅な
細めのひもは後ろ身
頃ではサスペンダー
になっています。

黒と白の礼服を思わせる晴着。
上着をぬぐと袖なしのワンピ
ースで、胸の白い部分は上着
を着た時には白いチョッキの
ようにみえます。

男の子のスタイル

男の子のものに、デザインをあまり凝りすぎると、男の子の可愛さがなくなってしまう。何気ない型を形よく仕立てることだ。

無地のデニムと厚地の木綿の縞を組み合わせた夏の遊び着です。後はサスペンダーだけで背中がハダカですから、涼しさがいっぱいで遊び着にはぴったり。外出にはズボンと同じデニムの上着を着ますが、縞のシャツを着た感じになります。

お母様が訪問着やカクテルドレスで出かける時、一緒に行く男の子の服装に頭を悩ませる方も多いでしょう。フリルとピンタックを飾った白いシャツにズボンを黒や紺にしたら、これだけでも可愛い紳士の礼装になります。その上に上着を着たのが左図です。前を大きくＵ字型にカットした中からシャツのフリルがのぞき、タキシードの印象。蝶ネクタイのかわりにボウを可愛く結んであげて下さい。七五三やお正月にもぴったりです。

縞の扱いが楽しい男の子の遊び着。ピケやコーデュロイでも…。胸の大きなポケットにはファスナー開きでもう一つ小さなポケットを作り大切なものはこの中に入れましょう。

ヨークにはさんだポケットのフラップと同じ大きさのものを脇において、位置がちょっとすれているのがたのしい狙い。ジャンバー風に着られる軽い上着。

前だけちょっとハイウエストにして、身頃を折り返したようにみえるフラップを飾ります。別色のサスペンダーを細めに作り、それがフラップのまわりに続いたようなテクニックが狙いになっています。

毛糸と布を組み合わせたジャンパー。衿と袖に毛糸をあしらってありますが、背中も毛糸にして前だけ布でもいいでしょう。毛糸と布地の色は揃えてもいいし、また全く反対色でもたのしい効果です。

帽子

女性の帽子は髪飾りの一部です。ですから室内でも女性は帽子を脱がないでいいわけで、若し帽子を脱がなければいけないのだったら、日本髪の櫛とかんざしなども室内に入ったら取るというのと同じになるわけです。

それに帽子をかぶる時は髪型もそれに合わせてかぶった時に美しいように結ってあるので、それを無理に脱がせるのは失礼になるのでこんな習慣がうまれたのです。

だから帽子は服装の一部ともいえます。帽子をかぶってはじめてその人の服装は完成されます。一つのドレスを派手にも地味にも感じをいろいろに変えるのが帽子なのです。（もっともこの頃は髪に逆毛をたててふくらませる髪型が流行しているので、帽子をかぶる女性は少なくなっていますが…）。

例えば黒いドレスに黒い帽子をかぶった時と、真白な帽子をかぶったのを想像してみて下さい。それぞれにドレスの印象が変わるでしょう。また同じ黒のドレスに花を飾った帽子をかぶると、その黒いドレスがはなやかにドレッシイにみえてきます。

子供の帽子も同じように考えて下さい。ドレスに調和した帽子は子供をうんと可愛く見せるばかりでなく、帽子によってドレスの印象も変えてしまいます。けれどもそれは帽子がドレスに調和しているからこそのことで、若し不調和な帽子ではドレスまでおかしな感じになってしまいます。

だからといってドレスに調和した帽子を、ドレス一つ一つにそろえるのは大変なことです。一つの帽子をリボンや造花でいろいろなドレスに調和させることを考えてみましょう。

例えば左の画…AもBも大きな白いカラーを二重にかさねた同じワンピースですが、Aは造花とリボンを飾った帽子ではなやかなよそゆきの感じ、そしてBはドレスと共色のグログランのリボンで、ドレスはセーラー服の印象です。

ところでこのAとB二つの帽子は同じもので、飾りだけを変えていることにお気付きでしょうか。

子供のドレスに合うグログランのリボンや造花（それはホンの少ない金額です）を用意しておいて、その日のドレスや出かけ先に合わせて飾りをとりかえてあげましょう。

B
A

A

通園、通学のお洋服

自分の子供が可愛くあってほしいと願うのは親として当然のことですが「可愛くする」ということと「飾る」ということを同じように考えているお母さまが案外に多いものです。通園や通学のための洋服にはとくにそうした点に心をくばって、飾りたてることのないようにしてください。ひらひらしたものよりきちんとした美しさがあって、母親の暖かい心づかいが感じられるような装いでありたいものです。まず清潔に、すぐよごしてしまうのだからもう一日などと、泥によごれた洋服をそのまま着せるようなことのないように。秋から冬にかけては温度の調節にも都合《つごう》のよいツーピースの方がワンピースより適していることでしょう。といっても気軽に着られて、生地も少なくてできる点ではやはりワンピースです。

子供服の寿命は何年とお考えですか？

子供に既製服を買う時、大抵の母親はその服は三年は着せたいという希望で買うそうです。

そんな人は買う時に大きめの服を買うので、買った当初はブカブカで無恰好、二年目には身体にはあっているけれども、もううす汚れている、そして三年目にはつんつるてん、というのでは、その服を一番美しい状態で着たことが一度もなかったことになります。

しかし考えてみて下さい。三つの時に買った服を六つまで着せたいなどというのは、少し欲ばりすぎていませんか？

新しい時にこそ、きちんと身体に合った寸法で着るのが一番すばらしいよそおいなのです。子供服の寿命は二年と考えて下さい。

子供は一年経つと背丈がずっと高くなりますから、既製服を買う時に裾のヘムは必要だと考えていいでしょう。

しかし子供の身幅は、身長の伸びるのにくらべて一年経っても左程変わらないものですから、身幅の縫い込みはそんなに必要ではありません。

それに大体子供の既製服は身幅がブカブカに出来ているものです。業者に聞きますと、まず身幅が大きめであるということが『これなら三年は大丈夫着られる』と母親達を喜ばせるのだそうです。

特に夏のドレスを買う時は春先になりますから、実際にそのドレスを着る頃には下着が減ることを考えて、ブカブカの無恰好なものは選ばないように注意して下さい。

子供のきもの「それいゆ」より　1955年

衿の変化で一着をいろいろに…

よそゆきのドレス…子供は皆大好きで、着るのをとてもたのしみにしています。

また、出かける時は大抵母親と一緒でしょうが、母親のよそゆきにはスーツ、紋付、訪問着などいろいろ種類があるのに、それに合わせて子供のよそゆきをいろいろ揃えるというわけにもいきません。

そこで子供のよそゆきに、黒とかチャコールグレイなど

目立たない色で基本型を作り、衿やカフスの変化で母親の着るよそゆきの程度に合わせるようにしておいたらどうでしょう。

真赤とかピンクの布地では、そのドレスの色の印象が強いため、衿を変化させてもあまり感じが変わりませんが、黒などだったら衿の印象がパッと強調されて、一つのドレスをいろいろに変化させることが出来るのです。

この試みは、ドレスを沢山持っているように見せようというのではなくて、母と子の着るものの程度を調和させるためだということを知って欲しいと思います。

これはよそゆきだけとは限らず通学着などにも試みて欲しいもの。衿やカフスをいろいろ作ってスナップ止めにしておけば、子供でもとりかえられて、一つのドレスを新鮮な気持でいろいろに着ることが出来るでしょう。

子供のきもの「それいゆ」より　1955年

子供に大人と同じような服を着せて得意がっている人がいます。子供服のおしゃれとは、子供がもっている可愛らしさ、あどけなさを一層引き立てるものでなければ意味がないし、子供自身もそれを着ることをこの上なく愉しく感じるようなものでありたいと思います。

雨の日をさわやかに

肩いっぱいのセーラーカラーを前は大きなヨークのような扱いにして釦で止めたレーンコート。帽子のつばの後ろを広くすると雨が入らないでいい。

レインコートをムシ暑い梅雨に着るとしたら下の洋服も半袖なので、コートも半袖にして涼しく過しましょう。

ペーパーバッグデザイン　１９５０年代

母親が訪問着、子供がセーター姿では…

子供と一緒に出かける時、母親ばかりが訪問着やカクテルドレスを着ているのに、子供の方はセーターとズボンやスカートとの組み合わせ姿であったり、普段学校へでも着て行かれるような服では、たとえその布地が上等で新調したばかりの服だといっても、それでは母親の着ているものとのつり合いがとれず、折角の母親の美しいよそおいまでが、うらさびしいものにみえてしまいます。

といっても、子供にはそんな晴着を着る機会はあまりないものですから、ついうっかりしてしまうものですが、いざという時の為に一着だけは持っていたいものです。

そしてそのよそゆきを着て外出した時には、帰ったら必らずすぐに脱がせ、キチンと手入れをして片付けて下さい。

そして絶対に普段には着せないことです。『あのよそゆき着せて』とどんなに子供にねだられても、『あれはおでかけの時のお洋服だから、ふだんは着てはいけないのよ』と、ちゃんと理由を話してわからせて欲しいものです。

すごくねだられて『じゃァ今日だけよ』などとうっかり着せたりすると、子供は一日で汚してしまうし、それより子供自身、今度そのよそゆきを着る時に、あらたまった気持のよろこびが少なくなるものです。

それに、よそゆきとふだん着の区別をきちんとわからせて、それを守らせるということも、子供のしつけには大切なことでしょう。

ペーパーバッグデザイン　1950年代

よそゆき

大人の世界でロングスカートが流行しても、子供のスカートはやっぱり短い。なぜかすっきり見えなかった子供服が、ちょっと丈をつめただけでぐっと可愛くなることもよくある。それから、襟元がキチンと首いっぱいにつまっていないと、どうしてもすっきりしない。成長してゆくことを考えて、襟ぐりを大きくするというような心配をしなくても、子供の首の太さが二三年でそんなに変化することはない。

1
前明きの着やすいワンピース。裾に付けた飾りフラップから上にギャザーを出して蕾のようにふっくらしたシルエットにしました。

2
プリンセス・ラインのおしゃまなワンピース。折り返ったカフス、プリーツの上の飾り布は同じ巾にして調子を揃えます。スカートの細かいプリーツが動的でとても可愛らしい。

3
ローズ色のばらの花のようなとても楽しい洋服。胸によせたフリルがいっそう愛らしさを強調しています。フリルは布にギャザーをよせるだけで華やかな雰囲気を作りますので、子供服にはぴったりです。

4
カーネーションの花びらのようにフリルを重ねたスカートはぐっと短くします。フリルの下にギャザーをよせ地味な焦茶を子供らしく。フリル巾はあまり広くすると子供服の可愛らしさをそこなうので、全体のバランスを考えてください。

5
6、7歳の子供まではウエストにアクセントのないこんなドレスが可愛らしいもの。両サイドの切替えを利用して赤で巾広のトリミングをし、浮かせました。胸高に付けた二つの大きなボタンが印象的。

6
ぱっとした明るい黄色がまぶしいくらいの半袖のツーピース。ちょっと暖かい日やコートの下などに。ボックスプリーツ・スカートにはサスペンダーを付けます。

アップリケは子供服の童話

アップリケは刺繍よりも、ずっと童話的で、子供のきものに取入れると楽しいものだ。アップリケと云うとすぐ図案の事を心配する様であるが、図案は花や小鳥の形でなければならないものではない。小さな円形でも、四角でも、スカートのところどころに飛ばしただけでも可愛いい。それから模様ものの布地から、その模様をとってアップリケにしてもよいし、子供の絵本や、新聞の広告の中にでもアップリケの図案になるようなものを見付ける事もあるものだ。

ロマンティックな夢のようなねまきを…

私たちの毎日のくらしの中で『裏』を作らない心を、子供の頃から養うようにしましょう。

女の子は誰でも幼い頃からシンデレラ姫や白雪姫などの美しいお姫様のお話を聞き、それに憧れながら成長していきます。そのお姫様は夜やすむ時にもロマンティックな夢のような美しいねまきを着ていたと、女の子なら誰でもそう考えているでしょう。

ところでお母さまの中には、もう昼間には着られなくなったヨレヨレのゆかたや着古したスリップをねまきにしているお母さまはいないでしょうか。

着古したものをねまきにするという習慣は、和服を着た時代にはたしかにありました。

和服はよそゆきもねまきも形が同じだから、よそゆきにもう着られなくなったものを普段着におろし、最後にはねまきにする。ですから昔は、着古したちりめんをねまきにするのが一番肌ざわりもやわらかでいいという人もいたといいます。

日本でも今はもう皆、洋服を着ています。洋服は着古したブラウスとスカートや、ワンピース、スーツをねまきにすることは出来ないで、昼間着るものとねまきとは全く異ったものとして考えることになってしまいますが、着られなくなった普段着はねまきに、という考えからぬけないでいる人もいる様です。

ねまきは誰にも見られないから何を着ていてもいいと子供に思わせることのないようにロマンティックな夢のようなねまきを子供に作って着せてあげて下さい。

「可愛い子供服」より　1962年

秋から冬の子供のきもの　1953 年

七五三をこんなふうに考える

『七五三祝』と字引でひいてみたら、『男子は三才と五才、女子は五才と七才とに当る年の十一月十五日に行なう祝儀であり、児には美衣を着せて氏神に参詣せしむる』と書いてありました。たしかにその通り、七五三は其の児に美衣を着せて行なわれている様です。

　七五三のお祝は何のために行なわれるのか、それはよく知らないのですが、たぶん子供が無事でここまで育ってきた事を祝う、と云う意味があるのではないでしょうか。

　もしそうだとしたら、そんな楽しいお祝は今後もずっと残しておきたいものですが、七五三と云うと、たしかに字引に出ている通りに『子供に美衣を着せる―』と云う事だけが目立って、それが目的の様にも思えるお祝の様ではないでしょうか。

　それはお正月や、その他のお祝やお祭よりもはるかに着るものにこだわっていて、身分不相応に着飾る場合もしばしばある様です。

　しかし、これも、皆が和服ばかり着ていた昔なら、さして不自然でもなかったのです。と云うのは、その日、子供に着せた晴着は、やがてその子がおとなになってお嫁にゆく時の長襦袢に仕立変えると云うならわしがあったからです。

たしかにそうした計算があればこそ、七五三のあの着飾る習慣も生れて、今日まで永く続けられていたのだとわかるのですが、子供達が洋服ばかり着て、又おとなになっても長襦袢を着る様な和服は着ない様な今日、それがそのまま残されていいのでしょうか。

お祭やお祝の様に、記念すべき日には、ふだんには着ない美しいものを着て、心もあらたになってその日をよろこび合う、と云う事はいい事でもあり、だから、そんな日には誰もが美しいきものを着る様に心がけると云う習慣はもちたいものですが、その為にあまりにも大きな無理が出来て、そのために家中のものが後々まで苦しんだりするのでは困ります。

又、それが隣近所へのみえであったり、親だけの満足であったり、又虚栄心であるとしたら、それも困った事です。それで、七五三のお祝も、これからはずっと気軽に考えて、明るいたのしい子供達のお祭として残す様にしたいものです。

七五三と云えば、小さな子供が化粧をして、重々しい和服に高いぽっくりをはいて、大きな帯に胸にはこせこまでも飾りたてたあの姿をすぐ考えるのですが、先ずその事をさらりと忘れてしまい、新しく子供の可愛いさを考えてみましょう。

先ず身分相応のものをさっぱりと着ると云う事を心がけて下さい。

しかし、子供達にその日に新しい服にはじめて袖を通すと云うよろこびは味わわせたいものですから、新調するのなら、この機会にする、と云う様に心がけるとよいのではないでしょうか。ふだんは洋服ばかり着ている子供達にとって、袖の長い美しい和服を着る、と云う事はどんなに大きなよろこびであり、又あらたまった気持になるかは云うまでもありません。

だから、あの和服姿がいけないとだけ云っているのではないのですが、七五三と云う日は子供をあんなに飾りたて、街を歩かせる日だ、とだけの考えをすてたい、と云う事です。

それぞれの子供がその子供らしく晴着として何かを着ていればいいのに、七五三とはああしたきものを着る日なんだ、と考えてしまうとそれが出来ない子供に妙な劣等感をうえつけてしまうのではないでしょうか。

ごてごてと飾りたてた子供を見ると、『七五三みたいだ』とさえ云うほどに、七五三とは子供が着飾る日と云う印象が強いのです。そんな風に着飾る日が七五三ではなくて、ふだん着ていないよそゆきの服を着せてもらえる日が七五三なんだと子供達に思わせたいものです。お母様方は、そんな心で七五三には可愛いい服を新調してあげて下さい。

子供の着物

子供の和服にも当然新しい時代にふさわしい装い方がある筈だ。ゴテゴテと満艦飾にするのはやめて可愛い小紋のような柄をみつけてくるのはどうであろうか。もし着物の色が華やかだったら帯は思いきって黒でもよいし、反対に比較的着物の色や柄が淋しい場合は黄、赤、朱などの鮮やかな無地の、狭い幅の帯をかるく可愛らしく結び、半衿も白にした方がずっと美しく見える。

無地のウールにアップリケしたもの。ゆがんだ様な円を重ねた花に葉をつけただけの簡単なものだがどこにもない美しさがある。

髪もごく自然にとかし（華やかさを添えたければ毛先だけちょっとはねる程度）リボンもしゃっきりした無地をあっさり結ぶ。

長い袂もいいが、元禄袖でも着物を着たという喜びは充分。ピンクに白い縞とか赤にねずみの縞とか大人が着ているような柄でも、帯との調和で子供が着ても可愛いもの。

ウールの着物　1953 年

「お母様の見る子供服の絵本」より　1967 年

子供のオーヴァコートをつくるとき…

冬、着るものは子供のものでもなかなか値段が張るのに、その中でもオーヴァとなると布地代も仕立代もワンピースの二倍以上もかかる、それでいて冬を越すのに無くて済ませる訳にはいかないとなれば、少々大げさな言い方をすれば大問題です。

とすれば子供の為にオーヴァをいくつも作ることは大変ですが、外出の度にいつもいつも同じものを着せるということになるとこれも味気ない。毎日出かける時、昨日のままのオーヴァでは外出しないという風に出来たら、どんなに子供の一日一日が新鮮でしょう。

それには一体どうしたらいいかというと、先ずオーヴァの布地はチェックとか縞とか目立つ模様は避けて必らず無地を選び、色も黒、グレイ、紺などのようになるべく印象を強く残さない色がいいのです。但し赤とかピンクなどは子供らしい色として使ってもいいと思います。

形は出来るだけシンプルにして衿なしに作り、同じ布で別にカラーだけを作っておきます。カラーは大きいもの、小さなカラー、前で結ぶようなもの…と色々作りましょう。また共布地のストールも作りたいものです。

黒いオーヴァに真赤とか、うつりの良いチェックのカラーとカフスというのも可愛いし、また真白なカラーもぐっと変わった感じ。真赤なオーヴァに白い人造毛皮で作ったカラーの組み合わせもロマンチックでしょう。

替えのカラーはスナップ止めにして、その時その時の気分を変えて、子供の毎日を美しくいろどって下さい。

あたたかいコート　1962年

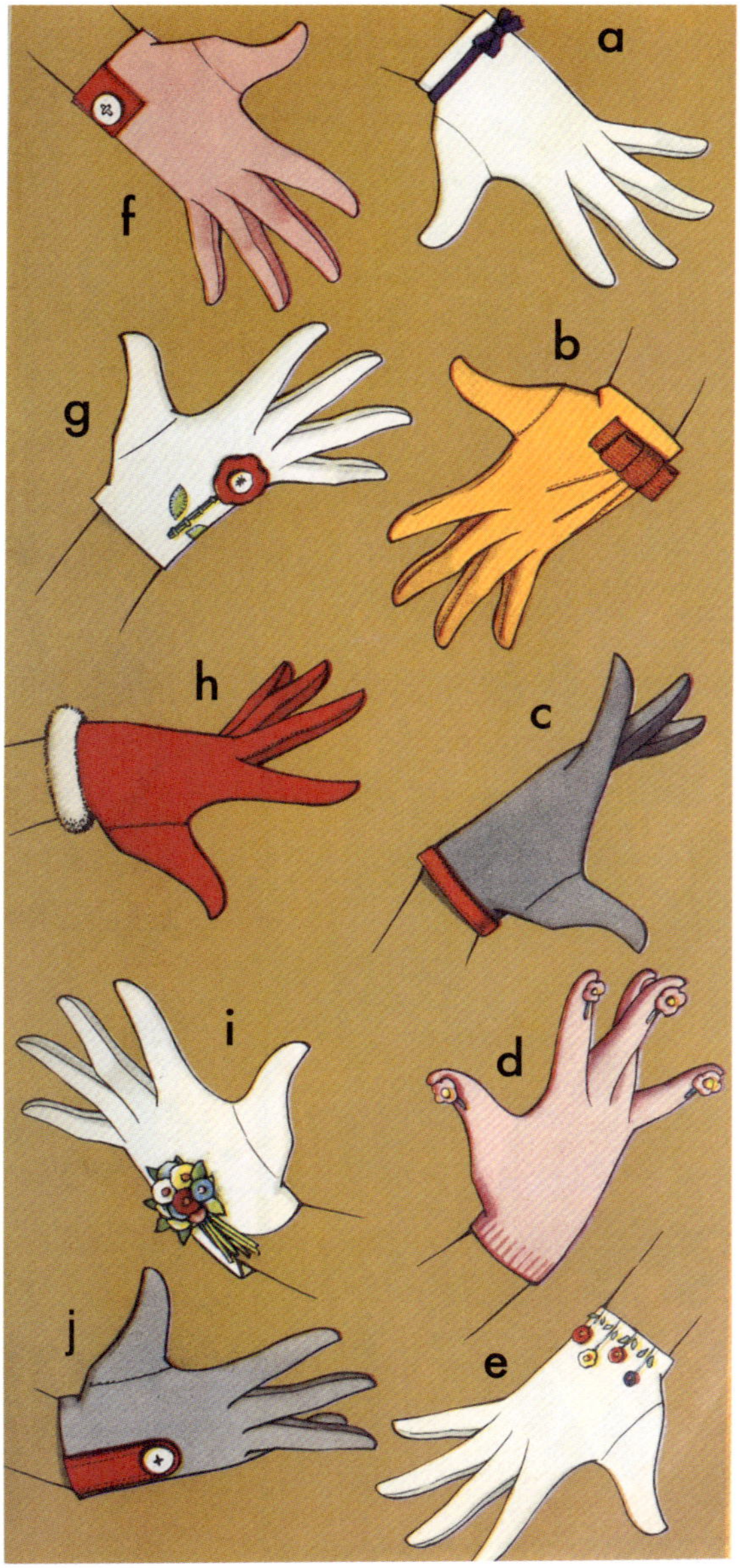

手袋で楽しく

　去年の手袋が今年はもう小さくなってしまったのでお姉さんに新しいのを買って、下の子供にはお姉さんのを……と思っていらっしゃるママへ。

　子供はそのままでは、おさがりなんて、といやがります。そんなときママがアップリケや飾り布でちょっと工夫してあげると新鮮《しんせん》な気持で自分のものにするでしょう。

　既製品《きせいひん》の手袋にも同じようにアップリケをしたり、飾りを付ければ変わった感じになり、手袋のおしゃれを楽しめます。

a　ドレスやコートと共布で細いループを作って、手首で可愛らしく結びました。
b　配色のよい布で大きなボーを作って付けました。甲にステッチをかけます。
c　オーバーと共布か革などで手首に縁《ふち》どりをしました。男の子にも……。
d　共糸で小さな花を編んで爪先に付け、ロマンチックに。10本ぜんぶに付けます。
e　花園のように小花を刺繍《ししゅう》します。あまりおおげさな感じにならないように。
f　オーバーの残り布をステッチでかっちり付け、その上に白の大きなボタンを
g　簡単にできる毛糸やフェルトの花を。アップリケして飾りましょう。
h　手首のところだけふわふわした毛皮を付けましたとても暖かです。
i　おしゃれでドレッシーな感じ。可愛い造花の花束を飾りました。
j　ステッチをした前立のような飾り布に、白の大きなボタンを付けました。

ムネ ニ オハナノアップリケ。
マエ ハ スソマデ ボタン ガ ツキテマス。
ニホン ノ オベベ ノ ヨウニ キラレマス。
ノハラ ニ オハナ ガ サイテルヨウナ オヨウフク。
オハナ ハ アップリケデモ シシュウデモ。
スコシ 大キナ オネエサマ
エリ ヤ ソデ ヤ スソ ノ 白イキレハ オーガンディー デス。
レースデモ イイデスネ。

「きものノ絵本」より　1940年

子供のドレス・リストを作りましょう

あなたのお子さんのために、ドレス・リストを作ってあげませんか？

スクラップ・ブックを用意して、表紙に最近撮ったお子さんの写真を貼り、年号を入れます。そしてお子さんが字が書けるのでしたら、自分で名前を書かせて下さい。

お子さんのドレスを一着作る度にその残り布を適当な四角に切って一ページに貼り、次のページにそのドレスを着て撮った写真を貼ります。写真が無ければ、下手でもいいのです。お母様の手でスタイル画を画いて下さい。

同じページに、そのドレスの出来上がった月日、布地を買った店の名、仕立ててくれた人とかお店の名前を記入して、そのドレスの感想なども書きそえておきます。

既製服を買って残り布がないのなら、カラーで撮った写真なら一番いいし、黒白の普通の写真の場合なら、写真のそばにドレスの色を書き入れましょう。

セーターを作った時も残りの毛糸をセロテープでスクラップにとめつけて月日や写真や感想を入れ、またセーターを買ったり誰かに貰った時も、買った店の名や贈ってくれた人の名前を忘れないで記入して下さい。

お子さんに手伝わせながらこんなドレス・リストで、お子さんのおしゃれの記録をずっと作ってあげましょう。

お子さんが自分で出来るようになってからも続けていって、一生ずっとのドレス・リストが出来たらどんなにたのしいでしょう。年老ってからこんなリストを見るお子さんを想像してみて下さい。

姉妹おそろい服　1942年

第2章

子供のくらし

子供が良い習慣を持つか悪い習慣を身につけるかは、親の責任です。
お子さんに良い習慣を小さい頃からきっちりつけてあげてください。

ヒマワリのコドモ型紙　1950 年頃

小さい時から他人への思いやりの心を…

子供には小さい時から他人への思いやりの心を養うようにしつけましょう。

たとえば災害地などへの救援物資の贈り物には積極的に参加して、贈る品物も子供と一緒に相談してきめ、子供用の洋服や絵本などの贈り物は、子供の名前で別の小包を作って贈ったらどうでしょう。

小包の中には、カードに子供の字でお見舞の言葉を書いて入れるのもいいかもしれません。

お手伝いさんのいる家庭では、その人がどんなになくてはならない大切な人であるか、ということをよく理解させて下さい。

それには親が先ず、お手伝いさんに対して使用人という態度を見せないこと。つまり親の心の中に、親許を離れて他人の家族の中に一人置かれているお手伝いさんの立場に対する真実の思いやりがなかったら、みせかけだけの思いやりは子供の心にちゃんとうつるものです。

同じ事をしてもお手伝いさんの場合には咎め、子供がした時には見逃す…というようなこともないように。

またお手伝いさんに対して子供が失礼な振舞をしたり、心を傷つけるようなことを言ったりした時には、ちゃんと謝らせることも必要でしょう。

「子供のきもの」より　1951年

身のまわりのものの色をきめてあげる…

或る調査によりますと、文化国家のバロメーターは国民の靴が手入れがしてあるかどうか、紙の使用量、そしてタオルの枚数に比例しているということです。

ところで日本では、五人家族でタオルは三、四枚というのが、調査の結果出ているそうですが、あなたのお宅では一人に一枚ずつ専用のタオルを用意してあるでしょうか。

小さな子供の頃から専用のタオルをきめて、朝の洗顔の時も遊びから帰って手を拭く時も、必らず自分のタオルを使う習慣をつけましょう。

それには先ず第一に、家族の人数だけタオルの枚数を必らずそろえて、家族のめいめいの色をきめておくのです。

父親は白、母親はグリーン、子供が三人いれば長男は黄色、長女はブルー、次女はピンクという風にしておいて、小さな子供でも自分のタオルをいつも必らず使うように習慣づけて行きましょう。

これはタオルに限らず、歯ブラシの柄、コップ、スリッパ、ハンカチなど、身のまわりのものの色を、子供ひとりひとりにきめて揃えてあげて下さい。

毎日の生活に必要なこんな身のまわりのものの自分の色がきまっていることはたのしみでもあり、またしつけの良い方法になるのではないでしょうか。

若し、ものによってその色が見つからなかったら、それに近い色にしてあげて下さい。

「子供のきもの」より　1951年

食事の場所を時々変えてみましょう…

食事は、毎日、そして一日に三度もするものです。それをいつもいつも同じ茶の間やダイニング・キッチンでするものときめてしまわないで、時々は場所を変えてみると思いがけない楽しさが生れ、子供達は大喜びで食欲もすすむというものです。

『今日は坊やがはじめてハイハイしたから』とか『パパの故郷《おくに》から小豆を送って来たのでお赤飯を炊いたから…』とか『今日はお姉さまがパーマネントをかけてとても素敵になったから…』とか、ほんの小さなことでも我が家に楽しい出来事があったから、その日の夕食はいつもの茶の間ではなく、茶の間から客間へ変えてみると、特にご馳走はなくても食事の場所が変っただけで、新鮮な気持とたのしさを感じます。それにちょっと手を加えて、テーブルの上にはテーブルクロスをかけたり、花屋で一番安い花でもいいのです。それをテーブルに飾ってみたり、食器もふだん使っているのとは別のものにしたりすれば、新鮮な愉しさは二倍、三倍と増すでしょう。

庭のある家だったら、日曜日の朝とかご主人の月給日の翌朝は、庭に椅子やテーブルを出してみたらどうでしょう。庭の朝食はグッと気分を変えて一日中たのしさが続くのではないでしょうか。

家族一人一人の誕生日、お雛祭や七夕様、子供の入学式卒業式などは勿論のこと、パパとママの結婚記念日、子供が良いお点をとった日など、我が家だけの記念すべき日や楽しい日にはこんな工夫はいかがですか?

「子供のスタイルブック」表紙　1953年

おやつ…

牧野哲大

チルドレン・ティ・パンチ

暑い夏の日のお集りのために。

飲みものは消化されずして吸収されるので、それだけに成分的に納得のゆく材料を上手に使いたいものです。

これらのみものは作りおきでなく、すぐ飲ませて下さい。

作り方

濃く出した紅茶はたくさんの氷の上に注いで急激に冷やしておく。

レモンの絞り汁やオレンジジュース、パインジュースを合わせて紅茶と同量にして。

大きなガラス鉢等に入れ、リンゴのうす切りを花型に抜いたものなどをアクセサリイに浮かべ、大きな氷片を浮かします。

ガラス鉢にマーガレットの花をセロテープでとめつけたら、女のお子さんはきっと大喜びでしょう。

小さな紙コップに注いで頂きます。

ストロベリー・ゼリー

いちごの出盛りに是非作ってみて下さい。いちごの色と香りが、カステラに浸みて一寸変わった感じのゼリーです。

材料

いちご（完熟のもの）250g（中粒を約17個位）、水1カップ、砂糖80g、粉ゼラチン大匙1½杯、カステラ（1糎角に切ったもの）1カップ位

作り方

①ヘタを取りよく洗ったいちごは水1カップを加わえ中火で10～15分間煮て汁を漉す。

砂糖を加える。

②粉ゼラチンは大匙3杯の水にふりこみ、よく混ぜて3分間放置し①に加えて溶かします。（火にかけなくても①の余熱で充分溶ける）

③②を器ごと氷水に浮かしてトロミのつく迄冷やしカステラを加えて混ぜます。

④好みの型の内側にサラダ油を刷毛で少々ぬり③を流しこんで冷やす。

⑤ぬらした皿の上に④を静かに返し、ハッカの葉か木の葉をきれいに洗ってあしらいます。

紅茶のゼリー

ゼリーはフルーツやジュースばかりで作るとは限りません。

つい冷たいものを飲みすぎて消化不良を起こし易い暑い季節には、水代りにあたえられるゼリーとして、紅茶、煎茶、挽茶のゼリーはとてもよいものです。

台所の後片附けの時等に手早く作っておけば便利です。

材料

紅茶大匙2杯、熱湯2カップ、砂糖大匙3杯、粉ゼラチン大匙2杯、生クリームの泡立てたもの少々、氷片

作り方

①粉ゼラチンは大匙4杯の冷水にふりこみ、手早く混ぜ3分間おく。湯煎で溶かす。

②熱湯に紅茶を入れ3分間おき、それを漉しながら氷片の上へ注いで急激に冷やす。(紅茶がにごらないように)砂糖を加える。

③湯煎で溶かした①を②に加わえ一人分ずつのガラスの器等に入れて冷やす。

ぬらした指先で一寸押してみて、弾力があったら出来上がり。絞り出し袋に入れた泡立てクリームで頭文字等絞り出して飾りましょう。

くるみ入りのビスケット

香ばしいくるみが入ったビスケットです。ジャー等に入れて保存も出来ます。

くるみの代りにアーモンドやカシュナッツでも美味しいでしょう。

材料

小麦粉200g、砂糖80g、バター50g、くるみ100g、卵1個、ベーキングパウダー小匙1杯

作り方

①小麦粉とベーキングパウダーを2回位ふるっておく。くるみは熱湯につけて渋皮を楊枝等でとり細かくきざんでおく。

②バターと砂糖をクリーム状に混ぜ卵を入れ更によく混ぜて①を混ぜます。

③俎の上などに小麦粉(分量外)を敷き②を1糎弱の厚さに伸し好みの型でぬき天板に並べます。卵のときほぐしたものに牛乳を加えたものを刷毛で表面にぬります。200度で15分~20分焼く。

天板にはアルミ箔をキッチリ敷いておくと底の仕上がりがきれいです。

並べる時には少しずつ間隔をあけておきます。

ブロッサム・レモン・ケーキ

「レモンの花の咲く頃」と名前がついた、味も香りもロマンチックなロール・ケーキです。
　春のパーティのために。
　ミルクティを添えましょう。

材料
　小麦粉90g、卵中4個、砂糖80g、水大匙1杯、レモンの表皮のすり卸したもの少々

中身として
　コーンスターチ大匙1杯、小麦粉大匙1杯、卵黄1個、レモン絞り汁1個分、牛乳1カップ、砂糖大匙2杯、粉砂糖少々

作り方
①卵と砂糖をボールに入れ、泡立器で力を入れて色がレモン色になって量も増えてくる迄泡立てる。
②二〜三回ふるっておいた小麦粉を①に散らすようにして加えてゴムベラでサックリと混ぜる。レモンの皮の卸したものと水大匙1杯も加えておく。
③23糎角位の大きさの天板にサラダ油をぬった半紙をはりつけ②を流しこむ。
　中火の天火の中段で15分位焼きます。
④鍋にコーンスターチと小麦粉、砂糖を入れ牛乳を加えて中火にかけて混ぜながら火を通しレモンの絞り汁と卵黄を加えて手早く混ぜます。
⑤俎の上に固く絞ったぬれぶきんを敷き、焼上ったケーキをその上に返して紙を取り④を全面にぬってふきんごとロールしてそのまま暫くおきます。
　少しさめてからふきんを取り粉砂糖を茶漉しに入れてふりかけ水でぬらした庖丁で切り分けます。

アメリカン・フルーツ・ポンチ

有合わせの果物や缶詰を使って作る子供の大好きなフルーツポンチ。ここでは、マシマロを入れてみました。

材料
　リンゴ1個、バナナ2本、パイナップル3片、黄桃3片、レモン1個、マシマロ5〜7個、チェリー少々

作り方
①バナナは1糎厚さの輪切り、リンゴは1糎の四角に切りレモンの絞り汁にまぶして味や香りをよくすると共に酸化するのを防ぎます。パインや黄桃も適当に切り全部一緒にします。
②マシマロは1個を4つ位に切って①に混ぜます。
　パインと黄桃の缶詰の汁も合せて漉して加えましょう。
③器に盛り分けて小さく切ったチェリーをいろどりに散らします。

パン・プリンのオレンジソースかけ

乾いたパンがある時に作るプディングです。好みで小さく切った果物やナッツ類を加えてもよいでしょう。

材料

牛乳2本、卵小2個、1糎厚さに切った食パン3〜4枚、砂糖½カップ

ソースの材料として

オレンジジュース1カップ弱、レモン½個、砂糖大匙2杯（ジュースによって適当にする）、コーンスターチ大匙1杯

作り方

①牛乳の中へ卵と砂糖を入れ塩一つまみを加える。泡立器で充分に混ぜておく。
②パンははしを切り、1糎の大きさに切り①に混ぜ約5分間置く。
③型の内側にサラダ油をぬり②を流しこんで湯気の上った蒸器で弱めの中火で10分間蒸して皿に返す。(パンがふくれて指で押してみて弾力があったらよい)
④小鍋にオレンジジュースと砂糖を入れ沸騰させコーンスターチを倍量の水で溶いたものを加えて混ぜ、火よりおろしてレモンの絞り汁を加え③にかける。

夏には極く冷たくひやしてもよい。

夏みかんのミルク・ゼリー

酸味の強い夏みかんも、ゼリーに仕上げるとマイルドな味になり、一寸気取った感じのデザートになります。

これは手早く作れるので忙がしい時のおやつに最適です。

材料

牛乳2本、粉ゼラチン大匙2杯、砂糖½カップ、夏みかん大1個、アンゼリカ（蕗の砂糖づけで市販）少々

作り方

①粉ゼラチンは大匙4杯の水にふりこみ手早く混ぜて3分間放置し湯煎にて溶かします。
②冷やした牛乳に砂糖を加え泡立器で完全に砂糖が溶ける迄混ぜて①を加え器ごと氷水につけてトロミのつく迄冷やします。
③夏みかんはひとふさごとにバラバラにし、影を崩さないように庖丁でうす皮をむき、八片を残して後は②に混ぜる。
④シャンパングラス等に③を注ぎ分け冷やして固まったら残しておいた夏みかんの果肉と細切りのアンゼリカで蝶々の形に飾って出来上りです。

スプーンを添えます。

夏みかんのクリームエード

甘酸っぱくて、ビタミンCの一杯ある夏みかんを使った、クリームとのみもののあいだの様なデザートです。

苺をつぶして加えたり又ネーブルも小さく切って皮を剝いて使用してもよいでしょう。

作り方

夏みかんの絞り汁に冷水を少々加え、はちみつを加えて、市販のアイスクリームを混ぜこみます。

ゼリー等あったら細かく砕いたように切って加えてもきれいでしょう。

ゼリーの分量はグレナデンシロップ（ざくろの真紅のシロップ）等をうすめたもの1カップに粉ゼラチン大匙1杯（5g）を倍量の水でふやかし湯煎で溶かしたものを加え平たい容器に入れて冷やし固めるのです。

（まきのてつひろ　料理研究家・人形作家）

カルピス・ミルク

朝頂くのにふさわしい、さわやかな味と香りののみものです。

牛乳は消化に時間がかかるので甘味のうすいビスケットかクッキー等と組合せるとそれが牛乳を吸収して消化が早くなります。

作り方

牛乳1本に対して乳酸飲料（カルピス等）を大匙2杯程度静かに加えます。ヨーグルトの味がするのみものになるのです。

乳酸飲料を加えすぎると分離してしまうので注意します。

暑い日のおやつでしたらシャーベット等上に浮かしてもよいでしょう。

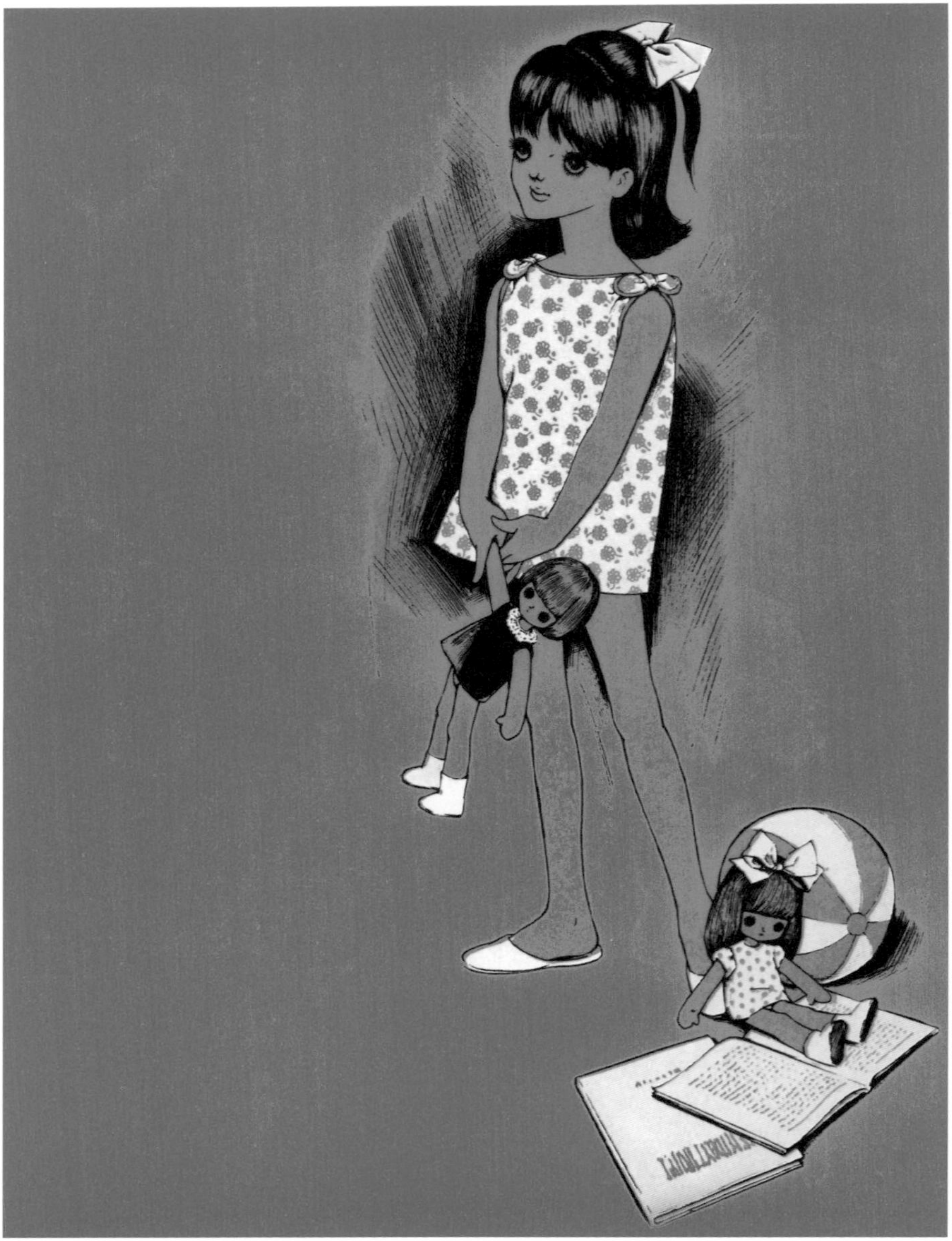

「お母様の見る子供服の絵本」より　1967年

子供に良い習慣をつけてあげましょう…

誰でも新学期を迎えて新しい教科書やノートを揃えた時には、日課を自分で作って今度こそはちゃんと勉強しようと、ひそかに自分に誓ったりするものです。

ところが一か月過ぎ、三か月過ぎ…となるとノートのあちこちにいたずら書きはあり、間違って書いたページを破ったりした為にノートはグズグズになるし、教科書も手垢に汚れて新鮮さがなくなると、勉強する気持にも張りがなくなり決めた日課もいつとはなしに忘れてしまう、ということになるのではないでしょうか。

良い習慣というものは、なかなか身につかないのに、悪い習慣は気を許すとすぐになじんでしまうものですが子供の頃は、良い習慣も悪い習慣も、身につき易いものです。そして良い習慣が本当に持てたら、今度はそうしないと気持が悪くなり、一生身について性格にまでなってしまうものです。子供が良い習慣を持つか悪い習慣を身につけるかは、親の責任です。お子さんに良い習慣を小さい頃からきっちりつけてあげて下さい。

けれど大人でもあまり計画が立派すぎて一度に改めようと欲張りすぎると、結局挫折してしまうものですが、子供なら尚更のこと、小さなことから一つずつ身につけてあげて欲しいものです。例えば外出から帰ったら必らず手を洗う、遊んだおもちゃは自分で片付ける……など。

そしてちゃんと守った時は賞め、忘れた時は注意して、ほんの身近な小さなことを手始めに、少しずつ良い習慣をつけていきましょう。

「可愛い子供服」より　1962年

洗面所をいつもさっぱりと清潔に…

あなたの家の洗面所は、いつもカラリと乾いて、さっぱりと清潔でしょうか？

洗面所は水を使う所ですから、その場所そのものがとかく湿気が多くなり勝ちなので、出来れば家中で一番日当たりの良い場所でありたいものです。しかし洗面所を使う時間は一日の中の中のホンの短かい間なので、太陽がよく入り風通しのいい南向きは、やはり家族が一日の中で一番そこにいる時間の多い居間や茶の間、又は客間になってしまうのは仕方のないことでしょう。

そこで洗面所や風呂場は北向きの一日中太陽を見ないような所にあてられて、ますます湿気勝ちになり、タオルもカラッと乾かない、足を拭くマットや雑布もいつもじっとり水をふくんでいるという事にもなり勝ちです。

小さな子供の頃から、そんな洗面所を見馴れている為に、洗面所はそれでいいのだと思い込む子供が出来てしまっては大変です。

洗面所が隅から隅までカラリとしていて、タオルもブラシも石鹸もいつもカラッと乾いていたら、どんなに気持がいいでしょう。毎朝の洗濯の時、家の皆のタオルをサッと洗って太陽に乾して下さい。そして替えのタオルをかけ替えておきましょう。歯ブラシも柄を下にして、ブラシの方を上になるようにしておくと早く乾きます。

そして洗面所には、いつもさっぱりと乾いた雑布を一つ用意しておいて、水が飛び散った時にはすぐに拭く習慣を子供の頃からつけておきましょう。

家庭に子供の図書館をつくりましょう…

子供が学校へ行くようになって字を書くことに馴れてきたら、家庭に子供の図書館を作ったらどうでしょう。

兄弟の中で一番上の子供を図書館の責任者にして、まず家中の子供の本を全部集めさせます。表紙がとれたり、中のページが破れたりしているのも全部集めさせます。その中でもうページがバラバラになって脱けて、どうしても一冊にならないものは、思い切って捨てさせます。

直るものは、破れた所はセロテープで裏打ちして繕ったり、隅がヨレヨレになっているのはアイロンをかけたりしてきちんと整えましょう。

そして一冊一冊の本に番号を打ち、別にノートを用意して蔵書リストを作ります。先ず番号を書き、次に本の名を入れます。著者の名前、出版社、買った日なども出来れば書き入れた方がいいと思います。お母さまは手伝いの範囲で、教えながら子供に全部させましょう。

本は、子供部屋の一隅でも居間の一隅でも、また縁側の突き当りでもいいでしょう、本箱にきちんと並らべて下さい。

さて子供の図書館が出来ました。今度は一週間に一度、本の検査です。本を蔵書リストとてらし合わせて、一冊でも脱けていたら皆で徹底的に探し、どうしても見つからなかったらもう無くなったものとみなして、リストの中からその本の名前を消してしまうのです。

若し友達に貸してある本があったらリストにそう書いて、貸した子供が責任をもって返してもらう様にします。

BOOK「ABC絵本」より　1946年

「子供のきもの」より　1951年

子供の我儘は大人が皆で許さない…

おもちゃ屋の店先で子供がおもちゃをねだっています。『あれは坊やにはまだ早すぎて駄目よ、もっと大きくなってからね』と母親が言っても、子供はいつまでもそこを動こうともせずにぐずついています。

　すると父親が、『いいじゃないか、こんなに欲しがっているのだから…』と買ってあげている、こんな類いの事はよくあるものです。

　勿論、逆に父親が『いけない』といっても母親が許すこともあり、また両親の意見が一致している時に、祖父や祖母が『子供が欲しがるのは当り前、よしよし私が買ってあげよう』と買い与えることも多いでしょう。

　大人に『いけない』と言われても、子供が泣いたりすねたりしていつまでもねだっていたら、誰かが買ってくれるということになると『グズグズねだっていれば、しまいには自分の思い通りになる…』と子供に思い込ませることになってしまいます。

　家中の大人は皆で子供の我儘を許さないようにして下さい。何故与えないかをやさしく納得出来るように子供に言い聞かせましょう。

　『そんなこと言っても、まだ小さい子供に納得させるなんて無理だ』……いくら言い聞かせても子供が納得しないということは、もうその子供に『いつまでもねだっていれば、何でも自分の思い通りになる』という悪い自信と習慣が身についてしまっているのではないでしょうか。

自分の子供は他人から見ても可愛い…?

誰でも自分の子供を可愛いと思うのは無理もないこと、しかし他人から見ても自分が思っているように可愛いのだと考えたら、それは親の考え違いというものです。

『可愛いお嬢ちゃん、お楽しみですわねえ、こんなに可愛いお子様なら……』他人はこんな風にあなたのお子さんを賞める事もあるでしょうが、だからその人達が本気でそんな事を言っているのだなどと考えないで下さい。

それは親に対するお世辞が半分かナ…位に軽く受け流して考えておいた方がいいのかもしれません。

子供はたしかに可愛いものです。そして親の自分より、もっと自分の子供を可愛がってくれる他人もいるでしょう。けれど親を喜ばせようという計算や社交辞令が含まれている場合も多いものです。それを言っている人自身もハッキリと計算だなどと思ってはいなくても、無意識の中に『子供のことを賞めておけば親はうれしがるのだ…』という気持を持っているかもしれません。

また他人は毎日あなたのお子さんと接するわけではなく、ごくたまのことだから子供の可愛い所ばかりが目について、その子供の乱暴や我儘も許すことが出来て『可愛い』などと言っていられるのかもしれません。

ところが母親は他人から見てもやっぱり可愛いのだと思い込み、聞かれもしないのに長々と子供の自慢話をしたりする……他人はうまく調子を合わせているのかもしれないのに全くどうかと思います。

あなたもそんな経験はありませんか?

DREAM「ABC 絵本」より　1946 年

OCTOBER「ABC 絵本」より　1946 年

『お父さま』『お母さま』と呼ばせましょう…

『ママ』『お母ちゃん』『お母さま』『お母さん』『かあさん』『お母ちゃま』………

母親の呼び方はいろいろありますが、お宅では何と呼ばせていますか？　父親のことを何と呼んでいますか？

『パパ』『ママ』というのは子供が一番言い易い言葉なので、まだ小さくてハッキリものが言えない頃は『パパ』『ママ』と呼ばせている家庭が多いようですが、子供がきちんと話せるようになったら『お父さま』『お母さま』と言わせるようにしたいものです。『お父さま』『お母さま』と呼ばせるようにすれば、それと同時に『お兄さま』『お姉さま』と家中の皆に対しても呼びなれしますし、また親戚の方たちにも『おじさま』『おばさま』と自然に言えるようになって来ます。

他人に対しては『奥さま』『あなたのお母さま』『あなたのお兄さま』『おばさま』という風に『さま』づけで呼ぶのが大人の常識です。

ところが大人になってからでも家で『お母さん』『お兄ちゃん』などと『さん』づけや『ちゃん』づけで呼んでいると、他人に対して『さま』というのがよそゆき言葉のようでテレくさい気持もあって言いにくいものです。

きちんと他人に対して『さま』と言い易い為には、子供の頃からそれに馴れさせることです。まず親の呼び方から『お父さま』『お母さま』と言っている中に、子供は自然に『……さま』という呼び方にとけこんでいくでしょう。

子供にうっぷんを晴らすのはやめたい…

ご主人と言い争いした後など、その気持のもっていきようがなくて『パパはいやな人だ、ママはパパよりずっといい人で、子供のことを本当に愛しているのはママなんだ…』というようなことを子供に言い聞かせてうっぷんを晴らし、無意識の中に子供を自分の味方にしようとしたりする人はいないでしょうか。

また、自分の身内のこと、例えば子供の祖父母に当る自分の両親のことを話す時は、どうしても良く言い勝ちなのに、同じ祖父母でもご主人の両親のことは、ついつい良く言えないで『気の強い人だった』とか『ママは苦労させられたのよ』などと話したりする事はないでしょうか？

嫁と姑の間がいつの世にも問題になっている事でもわかるように、たしかにご主人の両親との間がうまくいかないで悩む場合もあるでしょうが、それを子供に言って自分の気持は少し晴れたとしても、子供の心にご主人の両親の良くないイメージを与えることは決して許される事ではありません。

こんな種類の母親の言葉が、知らず知らずの中にどんなに子供に影響するか、おそろしい程だと思います。

自分の損得やその場の感情にまかせて、言ってはならないことを子供に聞かせ、真白で汚れのない子供の心に偏見を教えこむのは絶対にやめて欲しいものです。

母親にとってはしゅうと、姑、小姑であっても子供の心の中では良いおじいさま、おばあさま、おばさまでなければならない筈ですから……。

父親への不信を子供にうえつけない…

『坊やはパパとママとどっちが好き？』などと小さい子供に聞く大人はよくあるものです。

すると大抵の子供は『ママ』と答えるようです。理由を聞くと『いろんなものを買ってくれるから…』と答えます。

父親は一家をささえている大切な人です。しかし母親にくらべると子供に接触する機会が少ない為に、幼い子供にとっては父親を理解することは難しいようです。

ですから例えば子供が何か欲しがった時でも、母親は『パパがいいっておっしゃったら…』という風に言ってその場ですぐ買ってあげるのはやめ、その翌日にでも、また次の機会にでも『パパが買ってあげなさいとおっしゃったから、さァ買いましょう』と言って下さい。

こうして買ったものは、子供がちゃんと父親に見せて、子供の口から父親にお礼を言わせる習慣をつければ、子供は母親を通して自然に父親を尊敬する心を学ぶことになるでしょう。

主人の帰りが遅くてイライラしたりした時主婦はつい『いったいパパは何をしているんでしょう、困った人ね』というようなことを子供に話しかけたりするものです。

幼い子供でも案外敏感に母親の心の奥を読み取って、知らず知らずの内に父親をうとんじるようにならないともかぎりません。

父親への不信を子供の心にうえつけることは、伸びていく子供にとって大きな問題ではないでしょうか。

子供が幸福な大人になるために…

親に経済力さえあれば、子供の欲しがるものは何でも与えて子供を喜ばせる事は親にとって一番たやすいことです。しかし、どんなに子供が何か欲しがってねだっても、その要求が適当でないと思ったら与えるべきではないのではないでしょうか。

子供は自分の願い通りに親がしてくれれば大へん喜びます。子供の喜ぶ顔をみることは親にとって一番うれしいことです。が、子供の要求することを何でもしてあげることは、子供に『自分の要求は何でも叶えられる』と思い込ませ、大人なっても思い通りにならないと我慢出来ないで、性格となって残っていくものです。

大人になり社会人になると、少々大げさに言えば何一つ思い通りにならないといってもいい位です。

就職をしても自分からその仕事にあきたらなくなって、次々と新しい仕事を求めて転々とする人がいますが、そんな人の中には親に甘やかされて我儘に育った人が多いようです。小さい子供の時から、我慢したり周囲との調和を考えさせるようにする——これは子供が幸福な人間になる為の、親の大きな責任です。

よく『私の母は本当にいい母親でした。何か欲しいといえば何でも買ってくれたし、私の思い通りにさせてくれたし…』などというのを聞く事があります。こんな言葉は、死んで後子供のノスタルジアの中ではいい親だったと点数をかせいでいるかもしれませんが、その代わり案外一人の不幸な人間を作っているかもしれないのです。

「お母様の見る子供服の絵本」より　1967 年

中原淳一（なかはらじゅんいち）1913-1983。
香川県生まれ。幼少時より絵や造形に才能を示し、18 歳の時、趣味で作ったフランス人形が認められ東京の百貨店で個展を開催。それがきっかけで雑誌『少女の友』の挿絵、口絵、表紙絵、付録等を手掛けるようになり、一世を風靡する人気画家となる。
第二次世界大戦後は、女性に夢と希望を与え、賢く美しい女性になってほしいとの理想に燃え、自分の雑誌『それいゆ』（1946 年）、『ひまわり』（1947 年）『ジュニアそれいゆ』（1954 年）、『女の部屋』（1970 年）を相次いで創刊。編集長として女性誌の基礎を作っただけでなくイラストレーター、ファッションデザイナー、スタイリスト、インテリアデザイナーなど多彩な才能を発揮、その全ての分野において現代につながる先駆的な存在となる。昭和 30 年代半ば、病に倒れ、長い療養生活の後、70 歳にて逝去。

■本書は、「お母様の見る子供服の絵本」（1967年）を中心に、「子供のきもの」（51年）、「子供のスタイルブック590スタイル」（53年）、「可愛い子供服」（62年）のほか、「それいゆ」16号、18号、41号から、 中原淳一が子供をテーマに描いた絵と文章を選んで新たに編集したものです。
制作にあたっては、原本の旧字・旧仮名遣いを新字・新仮名遣いに改め、誤字・脱字は訂正しました。

中原淳一　子供服の絵本

二〇一一年十月五日　初版第一刷発行
著者　中原淳一
監修　株式会社ひまわりや
編集　中原利加子
装幀・デザイン　株式会社ひまわりや
発行人　坂下裕明
発行所　株式会社平凡社
〒一一二―〇〇〇一　東京都文京区白山二―二九―四
電話　〇三―三八一八―〇九一三（編集）
〇三―三八一八―〇八七四（営業）
振替　〇〇一八〇―〇―二九六三九
印刷所　株式会社東京印書館
製本所　大口製本印刷株式会社

ISBN978-4-582-62051-1 C0077
NDC 分類番号 593
B5 変型判（20.8cm）　総ページ 96
落丁・乱丁本はお取り替えいたしますので、小社読者サービス係まで直接お送りください（送料小社負担）。

平凡社の中原淳一の本

コロナ・ブックス 80
中原淳一エッセイ画集
「しあわせの花束」
文・画＝中原淳一
1600 円（５％税込）

コロナ・ブックス 87
中原淳一エッセイ画集２
「ひまわり みだしなみ手帖」
文・画＝中原淳一
1600 円（５％税込）

コロナ・ブックス 125
中原淳一エッセイ画集３　結婚
「二人のしあわせ」
文・画＝中原淳一
1680 円（５％税込）

「中原淳一のひまわり工房」
編著＝中原淳一・中原すみれ
1365 円（５％税込）

別冊太陽スペシャル
「美しく生きる」
中原淳一その美学と仕事
2415 円（５％税込）

別冊太陽スペシャル
「中原淳一の人形」
編＝中原蒼二
2940 円（５％税込）

中原淳一ファッションブック
「おしゃれの絵本」
著＝中原淳一　選＝ピーコ
2940 円（５％税込）

「中原淳一 きもの読本」
著＝中原淳一　監修＝中原蒼二
1680 円（５％税込）